COLLECTION E. B.

VENTE APRÈS DÉCÈS

ESTAMPES

TABLEAUX, DESSINS ANCIENS ET MODERNES

OBJETS D'ART ET D'AMEUBLEMENT

BEAU MOBILIER

LIVRES

ARGENTERIE, BIJOUX

MARS 1892

COMMISSAIRE-PRISEUR

Me JULES APPERT, 55, rue de Rivoli.

EXPERTS

POUR LES ESTAMPES

M. JULES BOUILLON

Marchand d'Estampes de la Bibliothèque nationale

rue des Saints-Pères, 3.

POUR LES TABLEAUX, DESSINS ET OBJETS D'ART

M. B. LASQUIN

rue Lafitte, 12.

POUR LES LIVRES

M. J. MARTIN, libraire, boulevard Haussmann, 19.

ESTAMPES

TABLEAUX, DESSINS ANCIENS ET MODERNES

OBJETS D'ART ET D'AMEUBLEMENT

BEAU MOBILIER

LIVRES

ARGENTERIE, BIJOUX

EXPOSITIONS PUBLIQUES

DES ESTAMPES, DESSINS ET OBJETS DE VITRINE

Le Mercredi 16 *Mars* 1892, *de* 2 *heures à* 5 *heures* 1/2.

DES AUTRES OBJETS D'ART, D'AMEUBLEMENT ET LE MOBILIER

Le Dimanche 20 *Mars* 1892, *de* 2 *heures à* 5 *heures* 1/2.

CATALOGUE

D'ESTAMPES

DE

L'ÉCOLE FRANÇAISE DU XVIIIe SIÈCLE

IMPRIMÉES EN NOIR ET EN COULEUR

DESSINS ET TABLEAUX

ANCIENS ET MODERNES

Miniatures, objets de vitrine, faïences, curiosités, émaux cloisonnés, bronzes japonais, sculpture et bronzes d'art et d'ameublement

BEAU MOBILIER

LIVRES

BELLE ARGENTERIE, BIJOUX, LINGE, GARDE-ROBE

VINS ET LIQUEURS

*Dont la vente aux enchères publiques après décès de M. E. B****

AURA LIEU

HOTEL DES COMMISSAIRES-PRISEURS

RUE DROUOT, 9, SALLE N° 5

Du Jeudi 17 au Mercredi 23 Mars 1892, à 2 heures précises.

COMMISSAIRE-PRISEUR

Me JULES APPERT, rue de Rivoli, 55.

EXPERTS

POUR LES ESTAMPES

M. JULES BOUILLON

Marchand d'Estampes de la Bibliothèque Nationale

rue des Saints-Pères, 3.

POUR LES TABLEAUX, DESSINS ET OBJETS D'ART

M. B. LASQUIN

rue Laffitte, 12.

POUR LES LIVRES

M. J. MARTIN, libraire, boulevard Haussmann, 19.

chez lesquels se distribue le présent catalogue.

CONDITIONS DE LA VENTE

La vente sera faite au comptant.

Les acquéreurs payeront *cinq pour cent* en sus des enchères, applicables aux frais.

Les estampes composant cette collection seront visibles chez M. Jules Bouillon, rue des Saints-Pères, les huit jours précédant la vente.

ORDRE DES VACATIONS

Jeudi 17 mars.	Estampes	N° 1 à 134
Vendredi 18 mars.	Estampes	135 à 259
Samedi 19 mars.	Tableaux, dessins et aquarelles.	260 à 303
— —	Miniatures, objets de vitrine, curiosités	304 à 332
Lundi 21 mars.	Livres.	401 à 454
— —	Bijoux, monnaies, argenterie.	395 à 397
Mardi 22 mars.	Emaux cloisonnés, bronzes japonais, sculptures, bronzes d'art et d'ameublement, mobilier artistique	333 à 394
Mercredi 23 mars.	Linge, garde robe, meubles ordinaires, vins et liqueurs.	398 à 400

La plupart des Estampes sont encadrées et en grande partie dans de très beaux cadres en bois sculpté.

DÉSIGNATION

ESTAMPES

ALIX (P.-M.)

1. J.-B. Poquelin de Molière, en buste, dans une bordure ovale reposant sur un cartouche, où est représentée la scène VII du IVe acte de *Tartuffe*, gravé en couleur d'après Garneray. In 4°.

   Superbe épreuve avec marge.

ALIBERT (A Paris chez)

2. Le Sommeil interrompu.

   Très belle épreuve, toute marge.

ANONYME

3. Les Médecins botaniste et minéralogiste écrasés par le médecin à la mode.

   Très belle épreuve, toute marge.

BARBIER (d'après)

4. Le Berger dangereux, gravé en couleur par Jubier.

   Superbe épreuve avec marge. Rare.

BAUDOUIN (d'après P.-A.)

5. L'Amour à l'épreuve, par Beauvarlet (5).

Superbe épreuve avec le titre, sans aucune autre lettre et avant le changement, marge.

6. Le Carquois épuisé, par N. de Launay (11).

Très belle épreuve, encadrée.

7. Les Cerises, par Ponce (13).

Bonne épreuve.

8. Le Chemin de la fortune, par Voyez Major (14).

Très belle épreuve, encadrée.

9. Le Coucher de la mariée, gravé à l'eau forte par J.-M. Moreau et terminé au burin par J.-B. Simonet (16).

Superbe épreuve, encadrée.

10. Le Danger du tête-à-tête, par Simonet (18).

Superbe et rare épreuve avant toute lettre et avant l'encadrement ornementé, grande marge, encadré.

11. L'Enlèvement nocturne, par N. Ponce (20).

Très belle épreuve, encadrée.

12. Le Fruit de l'amour secret, par Voyez Junior (23).

Très belle épreuve, encadrée.

13. Le Jardinier galant, par Helman. 1778 (25).

Superbe épreuve, grande marge.

14. Le Lever, — La Toilette. Deux pièces faisant pendants, gravées par Massard et N. Ponce. 1771 (29 et 48).

Superbes épreuves avec la première adresse, celle de Mme Baudouin, encadrées.

15. Les mêmes estampes.

Superbes épreuves. La Toilette est avec l'adresse de Mme Baudouin encadrées.

BAUDOUIN (d'après P.-A.)

16. Le Matin, par de Ghendt.

Très belle épreuve, encadrée.

17. Le Matin, — Le Midi, — La Nuit. — Le Soir. Suite de quatre pièces gravées par de Ghendt (32-33-35-46).

Epreuves modernes.

18. La Nuit, par de Ghendt (35).

Superbe épreuve avant toute lettre, avec marge.

19. Les Soins tardifs, par de Launay (45).

Très belle épreuve, encadrée.

BAUDOUIN et HUET (d'après)

20. Le Déjeuner, — Le Goûter, — Le Dîner. — Le Souper. Suite de quatre pièces faisant pendants, gravées en couleur par Bonnet.

Très belles épreuves, encadrées.

BENARD (d'après)

21. Fêtes de campagne. Deux pièces faisant pendants gravées par St-Non. 1755.

Belles épreuves avant la lettre.

BERTAUX (d'après)

22. Le Charlatan français, — Le Charlatan allemand. Deux pièces faisant pendants, gravées par Helman en 1777.

Superbes épreuves avant la dédicace, grandes marges.

23. Le Charlatan allemand, par Helman, 1777.

Superbe épreuve avant la dédicace, grande marge.

24. Les Chanteurs des Boulevards, — Les Diseurs de bonne aventure. Deux pièeces de forme ronde, faisant pendants.

Très belles épreuves en couleur. Rares. Encadrées.

BOILLY (d'après L.)

25. La Douce résistance, par Trésca.

Très belle épreuve avant toute lettre, seulement les noms des artistes à la pointe, en couleur.

26. L'Étude du dessin, par Cazenave.

Superbe épreuve en couleur, marge.

27. Les Hommes se disputent, — Les Femmes se battent. Deux pièces faisant pendants gravées par Chaponnier.

Très belles épreuves en couleur.

28. Hony soit qui mal y pense, par Bonnefoy.

Très belle épreuve.

29. Marche incroyable, par Bonnefoy, en couleur.

Très belle épreuve, encadrée.

BONNET (L.-M.)

30. Le Premier pas à la fortune, — La Toilette de la petite maîtresse. Deux charmantes pièces faisant pendants, gravées en couleur, d'après Du Bois de Sainte-Marie.

Superbes épreuves avant toute lettre, extrêmement rares. Encadrées.

31. *Marie-Antoinette*, archiduchesse d'Autriche, dauphine de France, d'après Ktanzinger. Charmant petit médaillon, gravé en couleur à la manière du pastel, dans une bordure, avec tablette en bas. In 12.

Superbe épreuve. Très rare. Encadrée.

32. *Du Barry* (Madame la comtesse), gravé en couleur en 1789. In 8.

Superbe épreuve avant toute lettre, encadrée.

BOREL (d'après A.)

33. La Bascule, gravé en couleur par Leveillé.

Superbe épreuve.

BOREL (d'après A.)

34. Très jolie scène d'intérieur, à sept personnages, qui nous semble représenter un jeu de société.

Pièce de la plus grande rareté, dont nous ne connaissons pas d'autre épreuve; elle est à l'état d'eau-forte, quelques parties sont plus terminées, notamment les têtes, qui ont été très finement modelées par un travail très serré au pointillé.

BOSIO (D.)

35. Bal de l'Opéra.

Très belle épreuve en couleur.

BOUNIEU (d'après)

36. Les Revers de la fortune, gravé en couleur par Marin.

Très belle épreuve.

CAMPIONS (chez les)

37. Vue du jardin du Palais-Royal, avec le nouveau cirque. Petite pièce de forme ronde, gravée en couleur d'après Sergent.

Très belle épreuve, encadrée.

CARINGTON-BOWLES

38. Prudence, — Industry. Deux pièces très curieuses pour les costumes et mœurs de l'époque, 1785.

Très belles épreuves, marges.

CHALLE (d'après M.-A.)

39. The officious waiting Woman (La Soubrette officieuse), par Chaponnier.

Très belle épreuve en couleur, encadrée.

40. Le Comparaison, par Bouillard et Dupréel.

Superbe épreuve du 1er état, avant toute lettre.

CHALLIOU (à Paris chez)

41. L'Amant pressant.

Rare épreuve imprimée en couleur, sans marge.

42. Le Moment dangereux, pièce en couleur de forme ronde

Très belle épreuve. Rare, encadrée.

COCHIN (C.-N.)

43. Dessein de l'illumination et du feu d'artifice donné à Monseigneur le Dauphin, à Meudon, le 3 septembre 1735.

Epreuve gouachée.

COCHIN (d'après C.-N.)

44. Bataille de Fontenoy, gravé par Soubeyran.

Très belle épreuve avant la lettre.

45. Vue de deux des pavillons du Pont-Neuf, par Le Bas.

Très belle épreuve.

CROUSSEL (à Paris chez)

46. Suite du déjeuner. Jolie pièce in-4.

Belle épreuve.

DAYES (d'après E.)

47. The promenade in Saint-James's Park, gravé par Soiron. Grande et charmante pièce des plus intéressantes comme costume de cette époque. 1793.

Superbe épreuve. Très rare. Encadrée.

48. An Airing in Hyde Park, gravé par Gaugain. Grande et charmante pièce des plus intéressantes comme costumes de cette époque. 1793.

Très belle épreuve. Rare. Encadrée.

DEBUCOURT (P.-L.)

49. Le Menuet de la mariée. 1786. — La Noce au château. 1789. Deux pièces faisant pendants.

Superbes épreuves en couleur. Rares. Encadrées.

50. Annette et Lubin. 1787.

Très belle épreuve en couleur.

DEBUCOURT (P.-L.)

51. L'Escalade ou les adieux du matin. — Heur et malheur ou la Cruche cassée. Deux pièces faisant pendants, publiées en 1787.

Superbes épreuves, encadrées.

52. Promenade de la Galerie du Palais-Royal. 1787.

Magnifique épreuve en couleur, du 1er état, avant les numéros sur les boutiques du fond. Très rare en cet état, encadrée.

53. Les Bouquets ou la fête de la Grand'Maman. — Les Compliments ou la matinée du jour de l'An. Deux pièces faisant pendants. 1788.

Très belles épreuves en couleur, encadrées.

54. Les même- estampes.

Très belles épreuves en couleur, encadrées.

55. Almanach national, 1791, dédié aux amis de la Constitution.

Superbe épreuve en couleur, du 1er tirage, avec le portrait de Louis XVI au milieu du haut de l'encadrement. Encadrée.

56. La Promenade publique, 1792.

Magnifique épreuve avant la lettre, avec marge, en couleur. Encadrée

57. Frascati.

Superbe et très rare épreuve en couleur, de la plus grande fraicheur avec grande marge. Encadrée.

58. La Rose mal défendue, 1791.

Superbe et rare épreuve imprimée en couleur, encadrée.

59. La Croisée.

Très belle épreuve, encadrée.

60. Il est pris.

Superbe et très rare épreuve avant la lettre et avec le poisson dans la main de la jeune femme, toute marge.

DEBUCOURT (P.-L.)

61. La Femme et le Mari, ou les époux à la mode. 1803.
Très belle épreuve en couleur, encadrée.

62. La Coquette et ses filles, ou une mère à la mode. 1803.
Très belle épreuve en couleur, encadrée.

63. Les Courses du matin ou la porte d'un riche. 1805.
Très belle épreuve en couleur, encadrée.

64. Les Courses du matin, ou la porte d'un riche. 1805.
Très belle épreuve en couleur, encadrée.

65. La Jeune femme, 1807.
Très belle épreuve en couleur. Rare. Encadrée.

66. L'Orange ou le moderne Jugement de Pâris.
Très belle épreuve en couleur, encadrée.

67. La Petite Barque, en couleur.
Très belle épreuve, encadrée.

68. Le Marchand de Galette, — Le Café ambulant. Deux pièces faisant pendants.
Très belles épreuves en couleur, grandes marges.

69. Promenade au bois de Vincennes.
Très belle épreuve en couleur, encadrée.

70. Entrée du Village, — La Cour de la ferme. Deux pièces faisant pendants.
Belles épreuves en couleur.

71. Barrière de Paris.
Très belle épreuve en couleur avant toute lettre, marge.

72. La Danse des chiens en désordre, d'après C. Vernet; en couleur.
Très belle épreuve, encadrée.

DEBUCOURT (P.-L.)

73. Les Chevaux de bateau, d'après C. Vernet, en couleur.
Très belle épreuve, encadrée.

74. Route du marché, d'après C. Vernet, en couleur.
Très belle épreuve, encadrée.

75. Retour des champs, d'après C. Vernet, en couleur.
Très belle épreuve, encadrée.

76. Il n'y a pas de feu sans fumée, d'après C. Vernet, en couleur.
Très belle épreuve, encadrée.

77. La même estampe.
Très belle épreuve.

78. Inutile précaution, d'après C. Vernet, en couleur.
Très belle épreuve, encadrée.

79. Passez, payez, d'après C. Vernet, en couleur.
Très belle épreuve, encadrée.

80. La Marchande de cerises, d'après C. Vernet, en couleur.
Très belle épreuve, encadrée.

81. La même estampe, en couleur.
Très belle épreuve, marge.

82. La Marchande de coco, d'après C. Vernet, en couleur.
Très belle épreuve, encadrée.

83. La même estampe, en couleur.
Très belle épreuve.

84. La Marchande d'eau-de-vie, d'après C. Vernet, en couleur.
Très belle épreuve, encadrée.

DEBUCOURT (P.-L.)

85. Le Marchand de peaux de lapin, d'après C. Vernet, en couleur.

Très belle épreuve, encadrée.

86. La Marchande de poissons, d'après C. Vernet, en couleur.

Très belle épreuve, encadrée.

87. La même estampe, en couleur.

Très belle épreuve.

88. La Marchande de saucisses, d'après C. Vernet, en couleur.

Très belle épreuve, encadrée.

89. La même estampe, en couleur.

Très belle épreuve.

90. La Toilette d'un clerc de Procureur. — Le Coup de vent. — Route de Saint-Cloud. — Les Aveugles. — Route de Poissy. — Les joueurs de boules. Six pièces en couleur, d'après Vernet.

91. Le Coup de vent, d'après C. Vernet, en couleur.

Très belle épreuve, encadrée.

92. La Partie de plaisir, d'après C. Vernet, en couleur.

Très belle épreuve, encadrée.

93. La Partie de plaisir. — Militaires écossais. Deux pièces en couleur, d'après C. Vernet.

Très belles épreuves.

94. Promenade anglaise. — Les Anglais à Paris. Deux pièces en couleur, d'après C. Vernet.

Très belles épreuves.

95. La Course anglaise, d'après C. Vernet, en couleur.

Très belle épreuve.

DEBUCOURT (P.-L.)

96. Adieux d'une Russe à une Parisienne, d'après C. Vernet, en couleur.

Très belle épreuve.

97. La Bonne d'enfant en promenade, d'après C. Vernet, en couleur.

Très belle épreuve, encadrée.

98. Officier et Grenadier de la garde nationale française. — Officiers prussiens. — Cuirassier prussien. — Militaires de la garde royale russe et allemande. — Rencontre d'officiers anglais. — Officier de dragons danois. — Mameluck. — Officiers anglais et écossais. — Cosaque irrégulier portant des dépêches. — Persan voulant dompter un cheval français. Dix pièces en couleur, d'après C. Vernet.

Très belles épreuves.

99. Le Chiffonnier. — Le Modèle à barbe. — Deux pièces d'après C. Vernet.

Très belles épreuves.

100. Rempailleur de chaises, d'après C. Vernet, en couleur.

Très belle épreuve, encadrée.

101. Les Amateurs de plafond, d'après C. Vernet, en couleur.

Très belle épreuve, encadrée.

102. La Calèche, d'après C. Vernet.

Très belle épreuve.

103. La Course, d'après C. Vernet.

Très belle épreuve, encadrée.

DEBUCOURT (d'après (P.-L.)

104. Le Juge, ou la Cruche cassée, par J.-J. Leveau.

Très rare épreuve d'essai, à l'eau-forte pure. En cet état, cette planche est considérée comme étant l'œuvre de Debucourt.

DEBUCOURT (d'après P.-L.)

105. La même estampe.

Rare épreuve dans un état d'eau-forte plus avancé que celui de l'épreuve précédente.

DESCOURTIS

106. Vue des Tuileries, du côté du château. — Vue des Tuileries du côté du pont tournant. Deux charmantes petites pièces de forme ronde faisant pendants, gravées en couleur d'après de Machy.

Très belles épreuves.

107. Vue des Tuileries, petite pièce de forme ronde.

Très belle épreuve en couleur, encadrée.

DESRAIS (d'après C.-L.)

108. L'Amant pressant, jolie pièce gravée au trait, préparation d'une planche en couleur.

Très belle épreuve avant la lettre.

109. Le Serin chery. Jolie pièce publiée chez Bonnet.

Très belle épreuve, avec marge. Rare.

110. Le Magnétisme animal. Importante découverte par M. Mesmer, docteur en médecine de la Faculté de Vienne en Autriche. Pièce rare, coloriée.

Belle épreuve.

DESRAIS (Genre de)

111. La Femme de chambre.

Très belle épreuve d'une jolie pièce imprimée en bistre.

DOUBLET (d'après)

112. Ariette de *Rosette et Colas*, acte V. — Quatuor de *Lucile*, acte Ier. Deux charmantes pièces de forme ovale faisant pendants, gravées par J.-N. Boillet.

Très belles épreuves, dont une imprimée en bistre. Rares.

DUCLOS (d'après)

113. Le Bouquet déchiré. — Le Délire. Deux pièces faisant pendants, gravées par Deny.

Superbes épreuves, avec marges. Rares.

DUGOURE (d'après D.

114. Le Lever de la mariée, par P. Trière.

Superbe épreuve avant toute lettre, mais avec les armes. Encadrée.

ÉCOLE MODERNE

115. Collection d'eaux-fortes par les principaux artistes contemporains, publiées par Cadart. Cinq cents vingt-cinq pièces en épreuves avant la lettre, en partie sur chine, contenues dans deux portefeuilles.

116. Sous ce numéro, il sera vendu un portefeuille d'eaux-fortes modernes, calendriers publiés par Jourdan et Barbot, menus, adresses et photographies.

EISEN (d'après Ch.)

117. Les Désirs satisfaits, par Patas.

Très belle épreuve, grande marge.

FRAGONARD (H.)

118. L'Armoire. 1778. Pièce capitale du maître, gravée à l'eau-forte. (De B. 2.)

Superbe épreuve avant l'adresse de Naudet, marge.

FRAGONARD (d'après H.)

119. Ma chemise brûle ! par Legrand.

Superbe et très rare épreuve avant toute lettre, en couleur. Encadrée.

120. La même estampe.

Très belle épreuve en couleur, encadrée.

121. Le Verrou, par Mixelle.

Très belle et rare épreuve avant toute lettre, imprimée en bistre.

FRAGONARD (d'après H.)

122. Le Verrou, — La Leçon de danse. Deux pièces faisant pendants, fac-similés d'après les dessins originaux, imprimées en bistre.

Très belles épreuves.

FREUDEBERG (d'après S.)

123. Le Boudoir, par P. Maleuvre. 1774.

Très belle épreuve.

124. L'Occupation, par Lingée. 1774.

Très belle épreuve.

125. La Jeune mère, en couleur.

Très belle épreuve, encadrée.

126. La Leçon de Clavecin, — La Leçon de guitare. Deux charmantes compositions des plus intéressantes comme costumes et intérieurs, faisant pendants.

Très belles épreuves en couleur. Très rares. Encadrées.

GARNERET (d'après)

127. Le Roman, gravé par Mixelle.

Très rare épreuve avant toute lettre, à l'état d'eau-forte, préparation de la planche pour la pièce en couleur ci-dessous.

128. La même estampe terminée, en couleur.

Superbe épreuve, encadrée.

GÉRARD (d'après F.)

129. Le Succès, — Le Départ, — Le Regret, — Le Repos, — L'Arrivée. Suite de cinq pièces gravées en couleur par Potrelle.

Très belles épreuves.

DE GOUY (A.-M.)

130. Coucou. Jolie pièce de forme ronde, gravée en réduction, d'après Boilly.

Superbe épreuve en couleur.

GREUZE (d'après J.-B.)

131. Jeune fille donnant à manger à une tourterelle. Charmante pièce ovale dans un encadrement ornementé, gravée par Beauvarlet.

Superbe épreuve, avant toute lettre, d'une pièce qui n'a jamais été publiée ni terminée. De la plus grande rareté.

132. Les Premières leçons de l'amour, par Voyez l'aîné.

Très belle épreuve.

133. La Belle-Mère, par Le Vasseur.

Très belle épreuve.

134. La Veuve et son curé, par Le Vasseur.

Très belle épreuve avant la lettre.

GUERAIN (d'après)

135. Le Trente-un, ou la maison de prêt sur nantissement, par L. Darcis.

Superbe épreuve, grande marge.

HODGES (H.)

136. Raphael's Mistress. Jolie pièce en couleur.

Très belle épreuve. Rare.

HUET (d'après J.-B.)

137. Le Faucon. Conte de La Fontaine, par Bonnet. In-4, en couleur.

Très belle épreuve. Rare. Encadrée.

HUMBLOT

138. Hôtel de Soissons établi pour le commerce du papier en 1720. — Rue Quincampoix en l'année 1720. Deux pièces.

Très belles épreuves, marges.

JANINET (F.)

139. Nina, d'après Hoin. (Portrait de Mme Dugazon dans la *Folle par amour*).

Superbe et très rare épreuve en couleur, avant toute lettre. Encadrée.

140. Marie-Antoinette d'Autriche, reine de France et de Navarre. 1777. In-fol.

Magnifique épreuve en couleur, avec marge. Son cadre ornementé rehaussé d'or, est monté sur charnière; il est mobile et n'est pas fixé à l'estampe. Très rare. Encadrée.

141. Mademoiselle Du T... (Duthé), 1779, d'après Lemoine, représentée de face, assise devant sa table de toilette; elle tient des roses à la main, une lettre de la main gauche, son miroir la reflète de profil. Grand in-8 ovale, cadre carré.

Superbe épreuve en couleur, avec marge. Encadrée.

142. Portrait d'une jeune princesse (Frédérique Wilhelmine de Prusse), vue de face dans un parc, accoudée à l'angle d'une balustrade; elle tient dans sa main droite une couronne de fleurs, dans la gauche un portrait d'homme. In-8 ovale.

Superbe et très rare épreuve en couleur, avant toute lettre, avec marge. Encadrée.

143. Portrait de Mademoiselle *Berlin*, modiste de Marie-Antoinette. In-8 ovale.

Magnifique épreuve de l'un des chefs-d'œuvre de la gravure en couleur avec marge. Très rare. Encadrée.

144. Madame Dugazon, rôle de Babet, dans *Blaise et Babet*.

Superbe épreuve en couleur, toute marge.

145. La Toilette de Vénus, d'après F. Boucher.

Superbe et très rare épreuve en couleur, avant toute lettre. Encadrée

146. Le Sommeil d'Ariane, d'après Charlier.

Superbe épreuve en couleur, encadrée.

JANINET (F.)

*147. Réveil de Vénus, d'après Charlier.

Superbe épreuve en couleur, avec toute sa marge. Très rare de cette qualité,

*148. Projet d'un monument à ériger pour le roi, d'après de Varennes et Moreau.

Superbe épreuve en couleur, avant la lettre, avec marge. Encadrée.

149. L'Oiseau privé, d'après Lagrenée.

Superbe épreuve en couleur, avant toute lettre, grande marge. Encadrée.

150. La Noce de village, — Le Repas des moissonneurs. Deux pièces faisant pendants, gravées en couleur, d'après P.-A. Wille fils.

Très belles épreuves, encadrées.

151. La Confiance enfantine, — La Crainte enfantine. Deux pièces faisant pendants, gravées en couleur, d'après Freudeberg.

Superbes épreuves.

152. Foire hollandaise, d'après Ostade.

Très belle épreuve en couleur.

153. La Baraque rustique, — Intérieur de cabaret. Deux pièces en couleur, d'après Ostade.

Belles épreuves.

154. Le Nouvelliste, d'après Ostade.

Très belle épreuve en couleur, avant toute lettre.

JANINET ET CHAPUIS

154 *bis*. Recueil de quatre-vingt-huit vues de Paris et un frontispice, d'après Durand, Garbizza et Toussaint. Épreuves coloriées, en un vol. in-4°, obl. cart.

JAZET (J.-P.-M.)

155. Bivouac des Cosaques aux Champs-Élysées, à Paris, le 31 mars 1814, d'après Sauerweid.

Magnifique et très rare épreuve avant toute lettre, toute marge.

156. Course de traîneaux, à Krasnoï-Kabak, d'après Sauerweid.

Magnifique et très rare épreuve, en couleur, avant toute lettre, toute marge.

157. La Demande en mariage, — Célébration du mariage, — Le Retour de l'église, — Le Repas de noce, — Le Tirage au sort pour la conscription. Suite de cinq pièces en couleur, d'après Le Comte.

Très belles épreuves, encadrées.

158. La Demande en mariage, — Célébration du mariage. Deux pièces en couleur, d'après Le Comte.

Très belles épreuves.

J. G. (d'après)

159. L'Agréable illusion, par A. G. T. G.

Très belle épreuve, marge.

JOLLAIN (d'après)

160. Le Bain, — La Toilette. Deux pièces faisant pendants, gravées en couleur, par Bonnet.

Belles épreuves.

LAVREINCE (d'après N.)

161. L'Accident imprévu. — La Sentinelle en défaut. Deux pièces faisant pendants, gravées par Darcis (E. B., 1 et 58).

Très belles épreuves en couleur, encadrées.

162. Ah laisse-moi donc voir, par Janinet (E. B., 2).

Superbe épreuve en couleur, encadrée.

LAVREINCE (d'après N.)

163. Ah! laisse-moi donc voir, par Janinet.

Magnifique épreuve en couleur, avec toute sa marge.

164. Les Apprêts du ballet, par Tresca (4).

Très belle épreuve en couleur, encadrée.

165. L'Aveu difficile, par Janinet (E. B., 8).

Superbe épreuve en couleur, encadrée.

166. La même estampe.

Très belle épreuve en couleur, encadrée.

167. Le Billet doux. — Qu'en dit l'abbé? Deux pièces faisant pendants gravées par De Launay (10 et 51).

Superbes épreuves, encadrées.

168. Le Bosquet d'amour. — La Promenade au bois de Vincennes. Deux pièces faisant pendants, gravées en couleur par Chapuy (E. B., 11 et 50).

Magnifiques et très rares épreuves du premier état, avec les premiers titres et l'adresse de Gamble et Coipel, grandes marges. Encadrées.

169. La Comparaison, par Janinet, en couleur (E. B. 12).

Superbe épreuve, encadrée.

170. La même estampe.

Très belle épreuve en couleur, sans marge, encadrée.

171. École de danse, par F. Dequevauviller (22).

Très belle épreuve, encadrée.

172. Le Coucher des ouvrières en modes. — Le Lever des ouvrières en modes. Deux pièces faisant pendants, gravées par F. Dequevauviller (16 et 36).

Très belles épreuves, encadrées.

173. Le Déjeuner anglais. — La Leçon interrompue. Deux pièces faisant pendants, gravées par Vidal (17-35).

Très belles épreuves en couleur, encadrées.

LAVREINCE (d'après N.)

174. L'Indiscrétion, par Janinet (30).

Superbe et très rare épreuve en couleur, avant toute lettre, seulement le nom du graveur tracé à la pointe sous le trait carré à droite. Encadrée.

175. La même estampe.

Très belle épreuve en couleur, encadrée.

176. Les offres séduisantes, par N. Delignon (43).

Très belle épreuve, encadrée.

177. Le Petit Conseil, par Janinet (48).

Superbe épreuve en couleur, avec marge, encadrée.

178. La Séparation inattendue, gravé en couleur, avec quelques changements, d'après le Repentir tardif (E. B., 52).

Superbe épreuve, encadrée.

179. Le Restaurant, par Deny (53).

Très belle épreuve, encadrée.

180. Le Roman dangereux, par Helman (56).

Superbe épreuve, encadrée.

181. Le Serin chéri, par Denargle (Legrand) (59).

Très belle épreuve en couleur, encadrée.

182. Valmont and presidente de Tourvel, par R. Girard (93).

Très belle épreuve en couleur.

183. Jeune femme représentée debout, devant un bureau, jouant de la mandoline ; vers la gauche, un fauteuil renversé, gravé par Janinet. Pièce non décrite.

Très rare épreuve avant toute lettre. Au verso, est imprimée en couleur une épreuve de la Comparaison par les mêmes artistes.

184. Le Joli petit serin, par Mixelle, en couleur.

Superbe épreuve d'une pièce non décrite. Très rare. Encadrée.

LAVREINCE (d'après N.)

185\. Le Colin-Maillard, par Lecœur (E. B., 1 des pièces attribuées à Lavreince).

Très belle épreuve en couleur, portant le titre de : Le Bandeau favorable. Encadrée.

186\. Les Petits Favoris. Pièce appelée par M. Bocher : Le Joli Chien (App. 4).

Magnifique épreuve en couleur, avant la retouche, avant toute lettre et avant qu'un second petit chien ait été ajouté au premier. Elle est très fraiche et a une grande marge. Très rare en aussi bel état. Encadrée.

187\. The Green Plot, — The Grove. Deux pièces faisant pendants.

Très belles épreuves, marges.

LAVREINCE (Genre de)

188\. Je ne veux pas voir. Jolie pièce en couleur de forme ovale, gravée en couleur par Chapuy.

Très belle épreuve.

LE PRINCE (d'après)

189\. Le Messager bien reçu. Très jolie pièce gravée en couleur par Marin.

Superbe épreuve avant toute lettre.

LESPINASSE (DE) et DUPLESSIS-BERTAUX (d'après)

190\. Vue intérieure de Paris, représentant le pont Saint-Paul, prise du quay des Ormes, vis-à-vis l'ancien bureau des coches d'eau, — Vue intérieure de Paris, prise du milieu du Pont-Royal, regardant le Pont-Neuf, — Vue intérieure de Paris, représentant le port au blé, depuis l'extrémité de l'ancien marché aux veaux, jusqu'au pont Notre-Dame. Trois pièces gravées par Berthault.

Très belles épreuves, encadrées.

LEVACHEZ

191. La Danse des chiens, d'après C. Vernet, en couleur.

Superbe épreuve avant toute lettre, de l'une des pièces capitales et aussi des plus intéressantes compositions de C. Vernet. Elle est très fraîche et a toute sa marge. De la plus grande rareté en cet état. Encadrée.

192. La même estampe.

Très belle épreuve en couleur, encadrée.

193. *Bonaparte*, premier consul. 1801.

Superbe épreuve en couleur, avec une grande marge.

DE LONGUEIL (J.-D.)

194. Les Dons imprudents, — Le Retour à la vertu. Deux pièces faisant pendants.

Superbes et rares épreuves avant la lettre, en couleur. Encadrées.

DE MACHY (d'après (P.-A.)

195. Vue du port Saint-Paul, prise au bas du parapet, — Vue de la porte Saint-Bernard, prise venant de l'hôpital. Deux pièces faisant pendants gravées en couleur par Descourtis.

Superbes et très rares épreuves avant toute lettre, encadrées.

196. Les mêmes estampes.

Très belles épreuves en couleur, encadrées.

197. Vue de la porte Saint-Bernard, prise venant de l'hôpital, gravée en couleur par Descourtis.

Très belle épreuve.

198. Première vue de Paris, prise du Pont-Royal, gravée en couleur par Janinet.

Très belle épreuve.

199. La même estampe.

Superbe épreuve en couleur, avant toute lettre Encadrée.

DE MACHY (d'après P.-A.)

200. Inauguration de la statue du Roi sur la place Louis XV, par Hemery.

Très belle épreuve, encadrée.

MALLET (d'après)

201. Julie ou le premier baiser de l'Amour, par Copia.

Superbe épreuve en couleur.

202. La Ravaudeuse, d'après Briche.

Très belle épreuve en couleur. Rare.

MARILLIER (d'après C. P.)

203. Les Désirs réciproques, — Les Regrets inutiles. Deux pièces faisant pendants, gravées par Mme Chevery.

Très belles épreuves.

MEISSONIER (d'après E.)

204. Le Sergent recruteur, par Hédouin.

Belle épreuve sur chine.

MEUNIER (d'après)

205. Vue de l'Hôtel des Monnaies, gravée par Née.

Très rare épreuve à l'état d'eau-forte.

MIXELLE

206. Le Matin, d'après Garneret.

Très belle épreuve en couleur, encadrée.

207. Le Roman, d'après Garneret.

Très belle épreuve en couleur, encadrée.

208. Le Roman, d'après Garneret.

Très belle épreuve en couleur, encadrée.

MONNET (d'après C.)

209. Jupiter et Io, par Vidal.

Très belle épreuve avant la lettre, découverte.

MONNIER (Henry)

210. Les Grisettes, leurs mœurs, leurs habitudes, leurs bonnes qualités, leurs préjugés, leurs erreurs, leurs faiblesses, etc., dessinées d'après nature au sein de leurs plaisirs, de leurs occupations, etc., etc., par Henry Monnier. 1827. Publié à Paris, par Giraldon Bovinet. Quatre livraisons de six planches chacune, dans leurs couvertures, coloriées, toutes marges.

MOREAU (d'après L.)

211. Le Villageois entreprenant, — On y court plus d'un danger. Deux pièces faisant pendants, gravées par Germain et Patas.

Très belles épreuves.

MOREAU (J. M.)

212. La Foire de Gonesse, vignette in-8 pour les *Chansons* de La Borde.

Superbe épreuve avant la lettre, toute marge.

213. Le Ruisseau, vignette in-8, pour les *Chansons* de La Borde.

Très belle épreuve avant la lettre.

MOREAU (d'après J. M.)

214. Le Matin, par un anonyme. Composition gravée en agrandissement de la vignette des *Chansons* de La Borde intitulée : l'Ingénue. In-4.

Superbe et rare épreuve avant toute lettre, avant la bordure et avant beaucoup de travaux.

215. L'Ambigu, gravé en couleur en agrandissement de la composition de Moreau, des *Chansons* de La Borde, intitulée : l'Ingénue.

Superbe épreuve. Très rare. Encadrée.

MORRET (J.-B.)

216. Le Café des Patriotes, d'après Swebach Desfontaines.

Superbe et première épreuve en couleur, avec le titre français et anglais. Les deux gardes nationaux, à gauche, sont coiffés de hauts bonnets à poil, tandis que dans l'état suivant, ils sont coiffés, l'un d'un casque plat et l'autre d'un bonnet phrygien. Rare.

PARVILLÉE (à Paris chez).

217. Le Cabaret de Mme Ramponneau, — Le Cabaret de Ramponneau. Deux pièces faisant pendants, gravées à l'eau-forte.

Très belles épreuves. Ces deux pièces sont des plus curieuses comme scènes de mœurs du XVIIIe siècle.

218. Le Cabaret de Ramponneau.

Très belle épreuve.

PASQUIER (d'après)

219. L'Escamoteur, — La Diseuse de bonne aventure. Deux pièces faisant pendants, gravées en couleur par Morette.

Superbes épreuves avec marges.

PERDRIAU

220. Le Chapeau, — Le Vieillard. Deux pièces faisant pendants, gravées en couleur d'après Drelling.

Très belles épreuves.

REGNAULT (N.-F.)

221 Le Bain, d'après Baudouin.

Superbe épreuve en couleur, encadrée.

222. Le Lever.

Magnifique épreuve en couleur, avant toute lettre, encadrée.

223. Ah ! s'il s'éveillait. — Dors, Dors... Deux pièces faisant pendants.

Superbes épreuves avant la lettre, imprimées en bistre, encadrées.

ROSSI (d'après L.)

224. Les Femmes savantes. Photogravure en couleur, Goupil et Cie. 1877.

225. L'Indiscret. Photogravure en couleur, Goupil et Cie, 1878.

226. L'Orage. Photogravure Goupil et Cie. 1879.

ROWLANDSON (T.)

227. Vaux-Hall, par R. Pollard.

Très belle épreuve en couleur, de la pièce la plus importante du maître, et celle donnant le mieux les costumes et physionomies de la société anglaise de cette époque.

SAINT-AUBIN (Gabriel de)

228. Quatrième vue de l'incendie de la foire Saint-Germain (10).

Très précieuse épreuve retouchée au bistre par le maître. Collection Destailleur. Cadre en cuivre.

229. Cinquième vue de l'incendie de la foire Saint-Germain (11).

Très précieuse épreuve retouchée au bistre par le maître. Collection Destailleur. Cadre encuivre.

230. Spectacle des Tuileries, première vue (13).

Superbe, très précieuse et toute première épreuve d'un état non décrit, avant tous les travaux à la pointe sèche. Ces travaux sont indiqués par des retouches au crayon, bien certainement de la main du maître. L'inscription suivante : Retouché à la pointe sèche en 1764, qu'on lit à gauche sur le terrain près du trait carré, et celle qu'on lit au-dessous, dans la marge : Gabriel de Saint-Aubin f. 1760, sont remplacées, la première par ces mots : Gabriel de Saint-Aubin f. 1760, tracés à la pointe en caractères très fins, et la seconde par ceux-ci : Gabriel de Saint-Aubin fr. écrits à l'encre par le maître. Cadre en cuivre.

231. Spectacle des Tuileries, deuxième vue (14).

Superbe et toute première épreuve non décrite, avant toutes les retouches à la pointe sèche, avant que l'une des figures, celle de l'inspecteur commandant les quatre hommes traînant le tonneau, ait été en partie effacée, avant les mots : novembre 1760, qu'on lit au-dessous de la grande roue du tonneau, et avec les mots : Année des fruits, à la suite du nom de Saint-Aubin. De la plus grande rareté. Cadre en cuivre.

SAINT-AUBIN (Gabriel de)

232. Le Charlatan (15).

Superbe épreuve du 1er état, avant de nombreux travaux. Cadre en cuivre.

233. Vue de la foire de Beson, près Paris (17).

Superbe épreuve, cadre en cuivre.

234. La Fête d'Auteuil (18).

Superbe épreuve, cadre en cuivre.

235. Vue du salon du Louvre en l'année 1753 (19).

Superbe épreuve du 1er état, avec la date de 1753 et avant que le titre soit précédé du mot : Exact. Cadre en cuivre.

236. Les Nouvellistes (20).

Très précieuse épreuve entièrement retouchée par le maître. Collection Robert Dumesnil. Cadre en cuivre.

SAINT-AUBIN (d'après G. de)

237. Moine veillant une jeune femme morte, gravé à l'eau-forte, par Ch. Mercier.

Très belle épreuve.

238. Parade sur le devant d'un théâtre des boulevards à Paris, gravé par Duclos.

Très rare épreuve avant toute lettre à l'état d'eau-forte. Encadrée.

SAINT-AUBIN (Aug. de)

239. Au moins soyez discret, — Comptez sur mes serments. Deux pièces faisant pendants (406-407).

Superbes épreuves avant toute lettre, seulement le nom du maître à la pointe. Encadrées.

240. Le Concert (E. B., 435).

Très rare épreuve avant toute lettre à l'eau-forte pure, ayant quelques retouches à la mine de plomb de la main du maître. Encadrée.

SAINT-AUBIN (Aug. de)

241. Intérieur d'une galerie de peinture.

Très belle épreuve d'une charmante petite eau-forte, signée et datée 1757. Elle a servi postérieurement à illustrer divers catalogues. Cadre en cuivre.

SAINT-AUBIN (d'après Aug. de)

242. Le Bal paré, — Le Concert. Deux pièces faisant pendants, gravées par A. J. Duclos (402-403).

Superbes épreuves avant l'adresse de Chereau et avant les inscriptions à la suite du nom de Saint-Aubin, marges. Encadrées.

243. La Jardinière, — La Savonneuse. Deux pièces faisant pendants, gravées par A. Sergent (416-417).

Superbes et rares épreuves avant toute lettre, en couleur. Encadrées.

244. La Savonneuse, par A. Sergent.

Superbe épreuve en couleur, avant toute lettre.

245. L'Heureux ménage, gravé en couleur par Sergent et Gautier.

Belle épreuve.

SERGENT (A.)

246. Il est trop tard.

Superbe et très rare épreuve avant la lettre, en couleur. Encadrée.

247. Il est trop tard.

Magnifique épreuve en couleur, avec toute sa marge.

248. The Magnetism (Le Baquet de Mesmer), — The days folly (La folie du jour). Deux charmantes pièces faisant pendants.

Très belles épreuves en couleur, avec de grandes marges. La première est avant la lettre. Encadrées.

SMITH (J.-R.)

249. Les Deux amies. Jolie pièce gravée à la manière noire.

Très belle épreuve, encadrée.

TAUNAY (d'après)

250. Foire de village, — Noce de village, — La Rixe, — Le Tambourin. Suite de quatre pièces faisant pendants, gravées en couleur par Descourtis.

Superbes épreuves de premier tirage. Les deux premières pièces, les seules de la suite où il y ait des différences, sont avec les armes, lesquelles ont été supprimées par la suite. Grandes marges, encadrées.

251. Les mêmes estampes.

Très belles épreuves en couleur, sans marges, encadrées.

252. Foire de village, — Noce de village. Deux pièces faisant pendants, gravées en réduction, par Descourtis, de ses estampes en couleur.

Très belles épreuves.

TOUZÉ (d'après)

253. La Présidente de Tourvel, par Romain Girard.

Très rare épreuve, non entièrement terminée, avant toute lettre.

254. La même estampe.

Superbe épreuve en couleur.

VERNET (d'après C.)

255. Intérieur du café Procope, par Commarieux.

Très belle épreuve avant toute lettre.

256. La même estampe.

Très belle épreuve en couleur, avant toute lettre.

WAGNER

257. *Rosalba-Carriera*. In-fol.

Très belle épreuve.

WATTEAU (d'après Ant.

258. L'Occupation selon l'âge, par Dupuis.

Superbe épreuve, toute marge.

WILLE (d'après P.-A.)

259. La Mère mécontente, par P. C. Ingouf.

Très belle épreuve, toute marge.

TABLEAUX

ÉCOLE FRANCAISE, ÉPOQUE LOUIS XVI

260. La noce en promenade.

Le cortège débouche de la grande rue et traverse la place du Périgord à Amiens.

Les parents et les invités suivent les mariés que précèdent les musiciens, les pâtissiers, les cuisiniers, portant des viandes suspendues à un bâton, un enfant conduisant un petit chariot bondé de volatilles et traîné par un chien.

Des seigneurs et des dames en toilettes élégantes et nombre d'autres personnages circulent sur la place, autour d'une fontaine surmontée du groupe des trois Grâces.

Bois. Haut., 56; largeur, 66 cent.

Extrait du catalogue de la collection de M. Delbergue Cormont.

BERNARD

261. Fruits et raisins, deux pendants.

DEFAUX

262. Gibier à plume et harengs.

Deux pendants.

Haut., 30 ; larg., 24 cent.

263. Entrée de port.

Toile. Haut., 24 ; larg., 30 cent.

264. Le Poulaillier.

SAINT-JEAN (Paul)

265. Nature morte.

Un lapin et divers animaux morts avec branches de feuillages.

Signé et daté 1860.

Toile. Haut., 34; larg., 54 cent.

DESSINS ANCIENS

BOREL

266. Le Menuet.

Sur une place publique un militaire danse le menuet avec une jeune femme; à droite, un second militaire est attablé avec deux autres jeunes femmes.

Dessin à la plume, signé et daté 1785.

Haut., 9; larg., 12 cent.

CARESME (Ph.)

267. Daphnis métamorphosé en laurier, — Baigneuses surprises par un satyre.

Deux jolies gouaches de forme ovale, signées et datées de 1781.

Haut., 26; larg., 21 cent.

268. Intérieur de cabaret.

Plusieurs paysans attablés; l'un d'eux courtise une servante. A droite un petit garçon s'amuse de cette scène.

Jolie aquarelle.

Haut., 22; larg., 27 cent.

DU BOIS DE SAINTE-MARIE

269. Le chemin de la Fortune, — La Toilette de la petite maîtresse.

Deux charmants dessins au crayon noir rehaussé de blanc, sur papier bleuté, illustrés par la gravure de Bonnet.

Haut., 31; larg., 24 cent.

LE PRINCE

270. La Cueillette des fleurs.

Dans un jardin traversé par un cours d'eau, un jardinier et deux femmes, sont occupés à remplir des corbeilles de fleurs.

Aquarelle signée à gauche.

Haut., 21 ; larg., 28 cent.

LIOTARD

271. Portrait de Mademoiselle Bertin.

La célèbre modiste de la reine Marie-Antoinette est représentée à mi-corps, vue de face, appuyée sur un balcon, avec un manchon de fourrure dans lequel ses mains sont cachées.

Crayon noir et mine de plomb.

Haut., 13 ; larg., 9 cent.

NICOLLE

272. Quatre vues de Rome et de Bologne.

Aquarelles animées de figures.

Haut., 20 ; larg., 32 cent.

273. Six petites aquarelles dans le même cadre; quatre de forme ronde et deux rectangulaires.

Vues de Rome : Rue de la Tor Argentine, Fontaine du Triton, place Barberine ; l'Église Saint Etienne le Rond, anciennement le temple de Faune ; la Place du peuple ; le Palais Barberini ; le pont Fabricius sur le Tibre.

*274. Vue du palais de Versailles, prise de la pièce d'eau des Suisses.

275. Vue d'un port de l'Ile de Crête.

Deux petites aquarelles.

Haut., 7 ; larg., 11 cent.

PORTAIL

276. Réunion élégante.

Deux jeunes femmes assises, l'une de face, l'autre vue de dos; derrière la première un gentilhomme accoudé sur le dossier de sa chaise.

Dessin à la sanguine et au crayon noir.

Haut., 24 ; larg., 20 cent.

TOUZÉ

277. La Présidente de Tourvel.

Sujet tiré de l'ouvrage de Laclos *les Liaisons dangereuses*. A été gravé par Romain Girard.

Aquarelle gouachée.

VERNET (Carle)

278. Chevaux en liberté sur le Gorso à Rome.

Aquarelle.

Haut., 17 ; larg., 23 cent.

WATTEAU (A.)

279. Jeune femme faisant de la couture.

Elle est assise, coiffée d'un bonnet, la tête penchée ; à sa droite, un fauteuil à grand dossier.

Très beau dessin à la sanguine.

Etude pour la composition bien connue ayant pour titre l'*Occupation selon l'âge*, gravée par Dupuis. Collection baron Schwiter.

Haut., 22 ; larg., 18 cent.

280. Trois études d'hommes, l'un debout et penché à droite, les deux autres couchés avec études de mains.

Croquis à la sanguine.

Haut., 21 ; larg., 16 cent.

WATTEAU (?)

281. Jeune femme assise tenant un éventail.

Dessin à la pierre noire.

Haut., 13 ; larg., 7 cent.

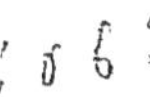

ÉCOLE FRANÇAISE

282. Jeune femme assise devant une cheminée, près d'une table à ouvrage au bas de laquelle se trouve un chat.

Charmante aquarelle dans le goût de Lavreince.

283. Les Cerises.

Une bergère assise sur un tertre, au pied d'un arbre, présente des cerises à un jeune berger étendu près d'elle.

Gouache rectangulaire.

Haut., 16; larg., 20 cent.

284. Les Marionnettes.

Le petit théâtre est installé dans une rue de ville, une foule de promeneurs et d'enfants assiste à la représentation. L'impresario harangue les spectateurs pendant qu'une femme fait la collecte.

Plume et aquarelle.

Haut., 23; larg., 18 cent.

ÉCOLE ITALIENNE

285. Sujet allégorique.

Plume et sépia.
Cadre sculpté.

DESSINS ET AQUARELLES

MODERNES

ROSA BONHEUR

286. Deux chevaux attelés à une charrette.

Croquis au crayon, signé.

Haut 16; larg., 19 cent.

BOUDIN

287. Le Port de Granville.

Aquarelle.

DETAILLE (Edouard)

288. Cavalier du 12e chasseurs à cheval en vedette.

Important dessin à la plume rehaussée d'aquarelle. Signé et daté 1883.

Haut., 50 ; larg., 37 cent.

289. Soldat du génie faisant une brèche dans un mur.

Dessin signé Ed. Detaille, 1880.

Haut., 22; larg., 17 cent.

JOLY

290. Le Diable l'emporte ! — Batteleur faisant des exercices d'adresse, représenté dans un encadrement composé de ses divers ustensiles et soutenu par un diable.

Plume et aquarelle.

Haut., 30 ; larg., 22 cent.

JONGKIND

291. Entrée de ville.

Aquarelle signée à gauche.

MEISSONIER (E.)

292. Un Mousquetaire.

Crânement campé, debout, les deux mains appuyées sur les hanches, il se présente de face.

Très fin dessin à la mine de plomb, rehaussé de blanc, signé du monogramme à droite.

Haut., 12; larg., 7 cent.

293. Soldats au cabaret.

Six militaires du temps de Louis XVI sont autour d'une table et viennent de terminer une partie de dés, deux d'entre eux se versent à boire.

Croquis à la plume, signé du monogramme.

Haut., 9; larg., 13 1|2 cent.

294. Croquis.

Six mousquetaires à cheval, un carrosse et la foule, à peine indiquée, arrêtés devant une estrade ou un échafaud où l'on distingue deux figures debout.

Croquis au crayon rehaussé de blanc.

Haut., 9; larg., 14 cent.

MILLET (J.-F.)

295. La Moisson.

Un paysan et deux femmes sont occupés à faire des gerbes, près d'une meule de blé. Plus loin on aperçoit d'autres moissonneurs.

Dessin portant le cachet de la vente après le décès du maître.

Haut., 37; larg., 52 cent

296. Bergère portant un agneau,

Croquis au crayon noir portant le cachet de la vente du maître.

Haut., 25; larg., 15 cent.

297. Femme devant un rouet.

Croquis au crayon noir portant le cachet de la vente du maître.

Haut., 19; larg., 15 cent.

MILLET (J.-F.)

298. Paysanne assise cousant.

Croquis au crayon noir portant le cachet de la vente du maître.

Haut., 22 ; larg., 14 cent.

299. Paysanne debout tricotant.

Dessin au crayon noir portant le cachet de la vente du maître.

Haut., 25 ; larg., 15 cent.

300. Les Lingères.

Une femme debout et deux autres assises dans une lingerie.

Beau croquis au crayon portant le cachet de la vente du maître.

Haut., 13 ; larg., 13 cent.

MONNIER (Henri)

301. Portrait de Paulin Ménier.

L'Artiste est représenté dans le rôle de Chopart, dans le *Courrier de Lyon*.

Dessin-aquarelle portant cette dédicace : « A mon camarade Ménier, 26 septembre 1850, Marseille. »

Haut., 27 ; larg., 18 cent.

ROUSSEAU (Th.)

302 Étude de forêt.

Croquis à la mine de plomb.

Haut., 7 ; larg., 10 cent.

TROYON

303. Deux chevaux de labour.

Croquis aux crayons noir et blanc.

Haut., 28 ; larg., 36 cent.

MINIATURES, OBJETS DE VITRINE

304. Miniature ronde sur ivoire, signée Dumont, 1773 (?) : jeune femme assise, vêtue d'une robe bleue, avec fichu de gaze laissant la poitrine découverte.

305. Miniature ronde sur ivoire : jeune femme debout à mi-corps, en robe de gaze décolletée, la chevelure ornée d'une couronne de roses; signée des initiales B. S.

306. Miniature ronde sur ivoire : jeune femme en robe violette, avec ceinture bleue, le bras gauche accoudé.

307. Miniature ronde sur ivoire, signée Dubourg : jeune femme tenant une corbeille de fruits.

308. Miniature ronde sur ivoire, attribuée à Rosalba Carriera : Vénus et l'Amour.

309. Miniature ronde sur ivoire : jeune femme à mi-corps en costume Louis XVI, avec corsage vert orné d'une rose.

310. Miniature ronde sur ivoire : jeune femme jouant de la vielle.

311. Grande miniature ovale représentant l'impératrice Catherine de Russie, en pied, en grand costume de cour.

312. Petite aquarelle ronde : quai d'une ville, animé de figures.

313. Petit dessin à la plume et à l'aquarelle : parc de villa avec pont de marbre et statues.

314. Gouache de forme ronde attribuée à Huet : bergère montée sur un cheval, berger assis et trois moutons.

315. Petite coupe en émail de Jean Landin, ornée au fond d'un portrait de femme en buste.

316. Sous ce numéro, seize montres et cinq châtelaines Louis XIV, Louis XV et Louis XVI, en argent et en cuivre. Ce lot sera divisé.

FAIENCES, CURIOSITÉS

317. Panneau composé de onze plaques de revêtement en ancienne faïence de Rhodes, décorées de palmes et d'œillets.

318. Grand plat en ancienne faïence de Rouen, à décor bleu, à rosace au centre et lambrequins au marli.

319. Plat en ancienne faïence de Rouen, à décor bleu offrant au centre un écusson armorié, et de larges lambrequins couvrant le marli.

320. Deux assiettes en ancienne faïence de Rouen, à décor polychrome à la corne.

321. Petit plat en ancienne faïence de Rhodes, à décor d'œillets avec rehauts de dorure.

322. Potiche en porcelaine de Chine.

323. Faïences de Delft.

324. Vases en poterie de Satzuma.

325. Deux figurines de bergers assis, en porcelaine bleu turquoise genre Sèvres.

326. Jardinière oblonge en faïence artistique de Deck, décorée d'oiseaux et de fleurs et à quatre pieds griffes de lion.

327. Jardinière en faïence artistique, de Deck, décorée de fleurs sur fond jaune.

328. Vases à fleurs en verrerie artistique avec montures en bronze.

329. Objets d'étagère en faïence artistique, en cristal, en émail et en céladon.

330. Petit baromètre genre Louis XVI, finement ciselé, appliqué sur fond de velours.

331. Cadre de calendrier en bois sculpté et doré, de style Louis XVI, à fleurs et rubans.

332. Petite pendule de voyage à cage en bronze doré, mouvement à sonnerie et à répétition.

ÉMAUX CLOISONNÉS, BRONZES JAPONAIS

333. Brasero en émail cloisonné de la Chine, à deux anses en S, à trois pieds têtes d'eléphants avec couvercle dont le bouton en bronze doré est orné de dragons.

334. Deux lampes en émail cloisonné de la Chine, avec montures de style en bronze doré.

335. Deux petits vases en émail cloisonné de Chine.

336. Vase balustre et un flacon en ancien bronze du Japon.

337. Figurine de femme en bronze japonais.

338. Grande vasque orientale en cuivre gravé.

339. Chimère en bronze du Japon.

340. Deux flambeaux formés de figurines en bronze du Japon.

341. Deux vases en émail cloisonné de Chine, à panse sphérique, avec réserves repercées à jour.

342. Un cornet et deux vases balustres carrés en bronze du Japon.

343. Deux vases balustres en bronze du Japon, à dragons en relief.

SCULPTURES, BRONZES D'ART

ET D'AMEUBLEMENT

344. Terre cuite : Buste de jeune femme, portant la signature : LARUE, 1782.

345. Joli groupe de jeunes femmes assises : la Poésie et la Musique, terre cuite, par CARRIER-BELLEUSE.

346. Mignon, statuette en bronze de Barbedienne, d'après AIZELIN.

347. Le Courage militaire, statuette en bronze de Barbedienne, d'après Paul DUBOIS.

348. Groupe de deux chiens en bronze, de FREMIET.

349. Chien couché, bronze de FREMIET.

350. Statuette d'Hercule, bronze d'après l'antique.

351. Coupe d'après l'antique, bronze de Barbedienne.

352. Deux statuettes d'almées, par MERCIER, d'après Gérome, bronze. Édition Goupil. Socles en marbre.

353. Le Cerf forcé, bronze de Barbedienne, d'après BARYE, patine verte.

354. Belle garniture de cheminée de style Louis XVI, en marbre blanc et bronze ciselé et doré. La pendules à consoles, feuillages, et bas-relief jeux d'enfants, est surmontée d'un vase cassolette, à têtes et pieds de bouc. Les candélabres à balustres ajourés sont terminés par des rinceaux supportant sept lumières.

355. Galerie de foyer en bronze doré, de même style.

356. Deux petits vases de forme ovoïde, en porcelaine gros bleu, garnis de montures et piédouches, têtes de faunes et guirlandes en bronze, finement ciselé et doré.

357. Bougeoir à deux lumières, avec tige munie d'un écran en bronze ciselé et doré, de style rocaille.

358. Pendule en bronze ciselé et doré, d'un joli modèle de style Louis XVI, formée d'un fût de colonne cannelé, orné d'une draperie et supportant un vase cassolette contenant le mouvement à cadran tournant.

359. Deux candélabres de style Louis XVI, composés chacun d'un vase ovoïde garni de deux anses et de guirlandes de fleurs, duquel s'échappe un bouquet de pavots et d'œillets à cinq lumières.

360. Deux vases cassolettes, de forme ovoïde, à piédouche en marbre, ornés de têtes de bélier et de guirlandes de perles en bronze doré.

361. Deux flambeaux de style Louis XVI, en bronze ciselé et doré.

AMEUBLEMENT

SALON

362. Beau meuble à hauteur d'appui, d'après Boulle, en marqueterie de cuivre et d'étain sur bois d'ébène, et richement orné de bronzes ciselés et dorés. Le haut à gorge est à dessus de marbre, le milieu à ressaut est orné d'un dais applique en bronze doré.

363. Charmant petit bureau Louis XV en bois de rose, surmonté d'un casier s'ouvrant à coulisse, avec pieds contournés ornés de bronzes.

364. Table à jeu portefeuille, de forme Louis XV, en bois de violette orné de bronzes dorés, exécutée par SORMANI.

365. Très petite table forme Louis XV, en bois de violette marqueté.

366. Bibliothèque Louis XIV plaquée d'ébène, incrustée de filets de cuivre et ornée de moulures et d'écoinçons en bronze doré.

367. Petite vitrine d'applique à encadrement de style Louis XV en bois sculpté.

368. Petite table étagère de style chinois, en bois sculpté.

369. Table turque de forme octogonale, en bois incrusté de nacre.

370. Gaine en bois sculpté à gorge et à moulures.

371. Miroir Louis XIV à bordure scultptée et dorée.

372. Console de style Louis XIV en bois de noyer sculpté, de forme contournée et à dessus de marbre.

373. Quatre fauteuils et deux chaises de style Louis XIV, en bois finement sculpté, garnis de satin rouge à ornements et fleurs imitant la tapisserie.

374. Canapé de même style, mais garni d'étoffe d'un dessin différent sur fond jaune.

375. Fauteuil coussin garni de velours vert et de passementeries.

376. Quatre chaises de fantaisie, style Louis XIV, en bois sculpté.

377. Fauteuil de style oriental.

378. Charmant tabouret de pied de style Louis XVI, de forme ovale, en bois sculpté et doré par DROMARD, et garni de tapisserie ancienne.

SALLE A MANGER

379. Ameublement de style renaissance, en bois de noyer sculpté, comprenant un buffet à deux corps, le haut vitré, un dressoir et quatre chaises garnies de maroquin.

380. Suspension en cuivre, de style renaissance, pour l'éclairage au gaz.

CHAMBRE A COUCHER

381. Bel ameublement de chambre à coucher, en palissandre frisé et ciré, à moulures, forme Louis XVI, composé d'un lit de milieu, une armoire à glace, un chiffonnier et une table de nuit.

382. Petit meuble forme Louis XV contournée en placage de palissandre; il ouvre à deux portes surmontées d'une case vide et d'un dessus de marbre.

383. Commode de style régence en placage de palissandre et de bois de violette, garnie de chutes de sabots et de poignées en bronze.

384. Petit siège d'angle garni de velours vert galonné de soie.

385. Chaise longue garnie de velours rouge.

386. Deux fauteuils carrés, un petit fauteuil et une chaise, garnis de brocatelle à dessin vert sur fond orangé.

387. Décoration de deux fenêtres en brocatelle pareille à celle des meubles qui précèdent.

388. Quatre chaises légères en bois de palissandre sculpté, garnies de cuir peau de crocodile.

389. Canapé-lit, système Leroux, garni d'imitation de tapisserie.

390. Canapé garni de même étoffe.

391. Meubles d'antichambre en chêne ciré, banquette à dossier, tables, etc.

392. Ameublement de cabinet de toilette en pitchpin; toilette, armoire à linge, etc.

393. Grand billard en palissandre.

394. Suspension de billard en bronze.

395. Bijoux pour homme.

396. Monnaies et médailles.

397. Belle argenterie de chez Boin et Taburet, vaisselle plate, services à thé et à café, etc.

398. Meubles et objets non catalogués.

399. Linge et garde-robe d'homme.

400. Vins et liqueurs.

LIVRES

401. **Bocher** (Em.). Les gravures françaises du XVIIIe siècle, ou catalogue raisonné des estampes, vignettes, eaux-fortes, pièces en couleur, de 1700 à 1800. *Paris, Morgand,* 1879-83, 6 vol. in-4, br.

402. **Bosc**. Dictionnaire de l'Art de la Curiosité et du bibelot. *Paris, Firmin-Didot,* 1883, gr. in-8, d. rel. chag. n. rog. *Fig,*

403. **Bourcard**. Les estampes du XVIIIe siècle. *Paris, Dentu,* 1885, in-8, br. *papier vergé.*

404. **Catalogues illustrés** des ventes de tableaux et objets d'art formant les collections de MM. Wilson, Beurnonville, d'Ivry, Double, Pereire, Narischkine. Febvre, de la Béraudière, etc. *Eaux fortes.*

405. **Catalogue** des tableaux et objets d'art formant la collection de M. E. Secretan. *Paris,* 1889, 3 vol. in-4, br. *Planches.*

406. **Collection** complète des tableaux historiques de la Révolution française. *Paris, P. Didot,* 1798, 2 vol. in-fol. v. marb. *Portraits et planches.*

407. **Detaille.** Types et uniformes. L'Armée française, par Edouard Detaille. Texte par Jules Richard. Paris, Boussod, Valadon et Ce, 1885-1888. 16 livraisons, en portefeuilles.

408. **Du Camp.** Les Convulsions de Paris. *Paris, Hachette,* 1878, 4 vol. in-8°, br.

409. **Duplessis** (G.). Histoire de la gravure. *Paris, Hachette,* 1880, gr. in-8 br. *Fig.*

Papier Whatman.

410. **Dussieux.** Le château de Versailles. 1881. 2 vol. in-8, br. *Pl.*

411. **Dutuit** (Eug). Manuel de l'amateur d'estampes. *Paris. Lévy,* 1881-88, 5 vol. gr. in-8, cart. *Planches,* Tomes I (2 vol.), IV, V, VI et planches xylographiques.

412. **Goncourt** (E. et J. de). L'Art du dix-huitième siècle. *Paris, Quantin,* 1883, 13 vol. in-4, br.

Papier Whatman numéroté avec planches sur japon.

413. **Goncourt** (E. et J. de). La Femme au XVIIIe siècle, *Paris, Firmin-Didot,* 1887, pet. in-4, br.

Papier du Japon.

414. **Goncourt** (E. et J. de). Madame de Pompadour. *Paris, Firmin-Didot,* 1888, pet. in-4, br. *Figures.*

Papier du Japon.

415. **Goncourt** (E. et J. de). Histoire de Marie-Antoinette. *Paris, Charpentier,* 1878, pet. in-4, d. rel. mar n. rog. *Deux suites des gravures.*

416. **Goncourt** (E. et J. de). Gavarni, l'homme et l'œuvre. *Paris, Plon,* 1873, in-8, br. *Fig.*

417. **Guiffrey** (J.). Antoine Van Dyck, sa vie et son œuvre. *Paris, Quantin,* 1882, in-fol. cart. *Planches à l'eau-forte.*

418. **Hervieu** (P.). Flirt, illustré par Mme Madeleine Lemaire. *Paris, Boussod et Valadon,* 1890, in-4, br.

Exemplaire numéroté sur papier du Japon.

419. **Flirt.** illustré par Mme Madeleine Lemaire. Exemplaire n° 145.

Epreuves avant la lettre, tirées sur papier Whatman et sur papier du Japon.

420. **Iconographie** de la reine Marie-Antoinette. Catalogue de la collection de portraits formée par Lord Ronald Gower. *Paris, Quantin,* 1883, in-4, br. *Planches.*

Papier de Hollande.

421. **Illustrations** pour les œuvres de Alfred de Musset. Aquarelles par Eugène Lami, eaux-fortes par A. Lalauze. *Paris Morgand,* 1883.

Papier du Japon.

422. **Jullien.** La Comédie à la Cour pendant le siècle dernier. *Paris, Didot,* 1883, in-4, br. *Planches en couleur.*

Papier du Japon, avec double suite des gravures.

423. **Labiche** (Eug.). Théâtre complet. *Paris, Lévy,* 1886, 10 vol. in-12, br.

424. **Lacretelle.** Histoire de France pendant le dix-huitième siècle. *Paris,* 1819, 8 vol. in-8, mar. bleu, fil. tr. dor. (Simier).

Aux armes du roi Louis XVIII.

425. **La Fontaine.** Contes et nouvelles en vers. *Paris, Didot l'aîné,* 1795, 2 vol. in-4, d. rel. chag. *Figures de Fragonard.*

426. **Littré.** Dictionnaire de la langue française, *Paris, Hachette,* 1878, 5 vol. in-4, d.-rel. chag.

427. **Marie-Antoinette.** Correspondance secrète entre Marie-Thérèse et le comte de Mercy-Argenteau. *Paris,* 1874, 3 vol. cart. — Correspondance secrète inédite sur Louis XVI, Marie-Antoinette, la cour et la ville. *Paris, Plon,* 1866, 2 vol. br. Ens. 5 vol. in-8.

428. **Maze-Sencier.** Le Livre des collectionneurs. *Paris, Renouard,* 1885, in-8, br. *Fig.*

429. **Musset** (A. de). Œuvres. *Paris, Charpentier,* 1867, 10 vol. in-12, d.-rel.

430. **Palestine.** Vues photographiées, en 1 vol. in-fol. obl. d.-rel. 40 *planches.*

431. **Panhard.** Joseph de Longueil, sa vie, son œuvre. *Paris, Morgand,* 1880, gr. in-8, br. *Planches.*

432. **Parnes** (Roger de). La Régence, anecdotes du règne de Louis XVI, le Directoire. *Paris, Rouveyre,* 1880-82, 4 vol. in-8, d. rel. mar. br. n. rog. *Fig.*

433. **Péan.** L'architecte paysagiste. *Paris, Goin,* gr. in-8, br. *Fig.*

434. **Peignot.** Manuel du bibliophile. *Dijon,* 1823, 2 vol. in-8, d.-rel. mar. n. rog.

435. **Pène** (H. de). Henri de France. *Paris, Oudin,* 1884, gr. in-8, br. *Fig.*

436. **Piedagnel.** J. F. Millet. Souvenirs de Barbizon. *Paris, Cadart,* 1876, gr. in-8, en ff. *Eaux-fortes.*

Exemplaire sur parchemin.

437. **Portalis** (le baron Roger). Les dessinateurs d'illustrations au dix-huitième siècle. *Paris, Morgand,* 1877, 2 vol. in-8, br.

438. **Portalis** (le baron Roger) et H. Béraldi. Les graveurs du dix-huitième siècle. *Paris, Morgand,* 1880, 3 vol. in-8, br.

439. **Portalis.** (le baron R.). Honoré Fragonard, sa vie et son œuvre. *Paris, Rothschild,* 1889, in-4, d.-rel. mar. coins, tête dorée, n. rog. *Planches.*

Exemplaire sur simili-japon.

440. **Prévost.** Histoire de Manon Lescaut. *Paris, Launette,* 1885, in-4, br. *Illustr. de Maurice Leloir.*

441. **Reiset** (le comte de). Modes et usages au temps de Marie-Antoinette. Livre-journal de Mme Eloffe. *Paris, Firmin-Didot,* 1885, 2 vol. gr. in-8, br. *Planches coloriées.*

Papier du Japon avec deux suites des gravures.

442. **Scarron**. Le Roman comique, peint par Pater et Dumont, gravé par de Mare. *Paris, Rouquette*, 1883, in-4, br.

Papier du Japon avec deux suites des gravnres.

443. **Uzanne** (Oct.). Documents sur les mœurs du XVIIIe siècle. *Paris, Quantin,* 1879-83, 4 vol. in-8, br. *Fig.*

La Chronique scandaleuse. — La Gazette de Cythère. — Mœurs secrètes du dix-huitième siècle. — Anecdotes sur la comtesse du Barry.

444. **Uzanne** (Oct.). L'Éventail. *Paris, Quantin,* 1882, gr. in-8, br. *Illustrations de P. Avril.*

445. **Uzanne** (Oct.). L'Ombrelle, le gant, le manchon. *Paris, Quantin*, 1883, gr. in-8, br. *Illustr. de P. Avril.*

446. **Uzanne** (Oct.). Le Miroir du monde. *Paris, Quantin*, 1888, pet. in-4, br. *Illustr. de P. Avril.*

447. **Uzanne** (Oct.). Son Altesse la Femme. *Paris, Quantin*, 1885, gr. in-8, br., emboîtage. *Illustrations en couleur par Gervex, P. Moreau, Rops, etc.*

Exemplaire numéroté sur grand papier du Japon, avec tirage à par des gravures.

448. **Uzanne** (Oct.). La Française du siècle. *Paris, Quantin*, 1886, gr. in-8, br., emboîtage. *Planches en couleurs.*

Papier du Japon, avec double suite des gravures.

449. **Viel Castel** (le comte H. de). Mémoires sur le règne de Napoléon III. *Paris,* 1883, 6 vol. in-8, br.

450. **Wolff** (A.). Le Figaro-Salon, 1885-88, 4 vol. in-fol. cart. *Pl.*

451. **Zola** (Em.). Œuvres. *Paris, Charpentier*, 1878-91, 11 vol. in-12, br.

Premières éditions sur papier de Hollande.

Une page d'amour. — Nana. — Pot-Bouille. — Au Bonheur des dames. — La joie fait vivre. — Germinal. — L'Œuvre. — La Terre. — Le Rêve. — La Bête humaine. — L'Argent.

452. Vingt-trois catalogues illustrés de grandes Ventes, San Donato, Secretan, Beurnonville, Double, etc.

453. Lot de catalogues de ventes avec prix.

454. Lot de romans modernes et ouvrages divers sur les sciences, les arts et les lettres.

Imprimerie D. Dumoulin et Cie, à Paris.

Dollfus – 35 rue Pierre Charron

IMPRIMERIE D. DUMOULIN ET Cie
Rue des Grands-Augustins, 5, à Paris.

www.ingramcontent.com/pod-product-compliance
Lightning Source LLC
LaVergne TN
LVHW010051230826
846091LV00005B/1912

* 9 7 8 2 0 1 3 4 1 0 7 3 1 *